Angelika Fürthauer

Jahresringe
Gedichte in oberösterreichischer Mundart
(Gebiet Attersee)

ISBN: 978-3-902814-10-4

© by Angelika Fürthauer, Steinbach am Attersee
www.bayerverlag.at
Alle Rechte vorbehalten

Angelika Fürthauer

Jahresringe

Gedichte in oberösterreichischer Mundart
(Gebiet Attersee)

www.bayerverlag.at

Rund ums Jahr

DER FRÜAHLING

Der Früahling is für alle Leut
mehr als nur a Jahreszeit.
Er is a Zuastand, is a Gfühl,
was ih euch heut beschreibm will.

Der Früahling, den der Bauer gspürt:
Der Heustoß allweil kleaner wird,
d'Schafwollsöckl werdn schon z'hoaß,
und d' Arbeit macht nuh net viel Gspoaß.
Und der Bua so wia der Voder
habm in der Früah an Musklkater.

De Leut, was sih a sunst net rührn,
an Früahling wieder anders gspürn:
So wia Beamte, die die meistn
eahn Arbeit nur in Sitzn leistn.
Und, weil s' nur sitzn af oan' Fleck,
is eahn der Winterspeck im Weg.
Suachan Kontakt mit der Natur
und machn halt a Frühjahrskur.
Des Kraut, was s' in Reformhaus kafn,
wachst bei uns hinterm Misthafn.
Siadn's ab und trinkn's, schmiern's ins Gsicht –
gegn Faltn und gegn Übergwicht!

Viel leichter nehman's da de Kin(d)er:
Da muaß im Früahling d' Nasn rinna,
und wann na oans a Latschn findt,
wo eahm der Dreck obm einirinnt!

Is's zon Wochnend recht warm,
bist als Autofahrer arm.
Weil da fahrn ganze Kolonnen
Richtung Jausnstationen.
A neicher Wagn, a neiches Kleid –
weil des kaft ma um die Zeit –
neiche Schuach und neiche Hüat –
alls wird den Tag spazierengführt!
Und nimmt's oaner ganz genau –
der suacht sih gleich an neiche Frau.

Womit ma schon beim Thema hand,
was im Früahling de Verliabtn tand:
Sämtliche Sitzbankerl besetzn,
Handerl habm und Schnaberl wetzn,
an Vornam einschniatzn in d' Rindn,
verstecka spieln und wieder findn.
Na, wia s' halt in dem Stadium spinnan,
ih kann mih ah nimmer erinnern!

Jaja, der Früahling, liabe Leut,
is schon a bsundre Jahreszeit.

Wann sih alls rührt und wann alls blüaht ...
Gschwind am Anfang is ma müad.
Aber dann kimmt ma in Schwung.
Ganz oan Ding, ob alt, ob jung!

Nenn ma(r) oan', da waar schon glacht,
den net der Früahling munter macht!

WIRD NET LANG DAUERN
(Vertont)

Wird net lang dauern, und der Früahling is da
und straht seine Schneekaderl aus.
Strahts' auffi auf d' Leitn, in d' Viehhalt und Roan,
und eini in Hohlweg beim Haus.

D' Wiesn werdn grean und der Gugatza schreit,
de Palmmuhl stechan schon für,
es tröpflt de Dachrean, und ummerdum stehn
d' Kerschnbam da voller Blüah.

Um viere, da hebt schon der Anmaxl an
und singt aufn Holzöpflbam.
Wia blind und wia dereisch müaßt da oaner sein,
der da net an Früahling vernahm!

MA GSPÜRT SCHON,
DER FRÜAHLING GEHT UM
(Vertont)

Ma gspürt schon, der Früahling geht um,
wen leidt's da nuh drinn in der Stubn?
Bleibt koaner beim Ofn hiebei –
wia netta der Kater, und der is recht fäul.

De Brunnkressn schiaßt schon in d' Höh,
de Brennessl schaun dur in Schnee,
und 's Schneemandl flennt um sein' Kopf,
und erst de kloan Buam! Drecknaß bis zon Schopf.

Am Misthafn kratzn und scherrn
tuat der Hahn mit de Hühner recht gern.
Der Gockerl, er braucht sih net plagn,
a jeds Hendl muaß eahm a kloans Stückerl tragn.

**WANN'S UM JOSEFI
AN SCHNEE WEGATREIBT**
(Vertont)

Wann's um Josefi an Schnee wegatreibt,
der Sunnwind, der hat des Sein tan,
da wird alls lebendig unter der Erd,
de Bleamerl, de kemman schon an.

An Bauern is's recht, denn sein Heustoß is kloan,
und d' Schecknkuah frißt schier für drei,
wann's doh in an Monat zon Greanfuattern waar,
aft kammad ma(r) ummi mitn Heu.

Da werdn da(r) de schafwollan Söckl schon z'hoaß,
und d' Arbat muaßt erst wieder gwehn,
wann's auftrickat hat, wird der Habern anbaut,
da brauchst wen fürn Ochsn zon Mehn.

De Katern und Käfern, de Buama und d' Frösch,
alls schaut, daß's a Weiberl daglangt.
Der Früahling is schuld, wann a ältane Kuah
ah nuh zon springa anfangt!

SO A HELLE MAIENNACHT
(Vertont)

A so a helle Maiennacht,
a Tallüfterl blast a weng her,
geh ih 's Feldwegerl hoam vo der Maiandacht,
an Gsang von der Nachtigall
schenk ih mein Ghör.

Ganz silbern leucht des Himmlszelt,
de Grilln zirpn drunt in der Au,
ganz buschnweis stehn nebm an Habernfeld
d' Vergißmeinnicht da aufn Roan himmlblau.

Und unterm Muttergottesbild,
da bitt ih nuh um ihr Vertraun.
Daß ih ganz auf d' Letzt beim Hoamzuagehn,
an Mai und sein Pracht
derf a Ewigkeit schaun.

IH SITZ MIH AFN DENGLSTOAN
(Vertont)

Ih sitz mih afn Denglstoan,
heut geht's aufn Leitnroan.
Klopf mein Sensal peng, peng, peng,
ah net zviel und ah net zweng.
Mitn Hammer net danebm haun,
sinst hast gleih a Blattern dran.
Net z'schwar drafhaun, laß da(r) Zeit,
nacher kriagst a guate Schneid.

Iatzt krempl ih ma(r) d' Ärmel auf,
weil ih mih dann besser schnauf,
d' Sens wird über d' Achsl glegt
und der Stoan ins Kümpfl gsteckt.
Halt! Mein Mostkruag, der muaß mitgehn,
sinst waar's net zon überstehn!
Knecht und Mentscha wartn schon,
als Bauer fang ih als erster an.

Der Großknecht fangt schon 's Schwitzn an,
a ganze Mahd bin ih voran.
Kloan daschreckt habm s' nachigschaut,
ih laß neamd was in der Haut.
Schneidn tuat s' wia 's blanke Gift,
solang s' an Scherhaufn net trifft.
Gwetzt und gmaht wird wia net gscheit,
bis de Bäurin „Essn" schreit.

HAUPTSAISON

Wann de Kinder 's Zeugnis kriagn,
de bessern Leit ins Ausland fliagn,
wann de Brem und Gelsn beißn,
wann s' beim Wirt d' Stammgäst aussischmeissn,
vom Walserberg und Kiefersfelden
oan' Stau um den andern meldn,
dann rollt de Urlaubswelln zon Glück
aus der Bundesrepublik.

Wo gleih an jedn leichter wird,
der schon im voraus investiert.

Auf de Taferl nach der Reih
steht gschriebm: Zimmer frei!
Mit Bad und Dusche, mit WC,
mit Balkon und Blick zum See.

Und die was kemmen erst auf d' Letzt,
de lesn überall: Besetzt!

De Gschäftn mit de Souvenir
habm schon alls hänga vor der Tür.
Abzeichn für Stöck und Hüat,
die a Tourist stets mit sich führt,
Ansichtskartn, Lederhosn
mit Reißverschluß und Alpnrosn,
Trachtnschmuck, – wann's oaner waar –
auf alln steht: MADE IN AUSTRIA.

Natürlich gibt's bei solche Standl
jede Menge Dirndlgwandl,
reich bestickt mit Edelweiß,
für d' Urlaubsgäst zum Sonderpreis.

Und die's nimmer derwarten kann,
ziahgt's gleich zum Heimatabnd an,
daß d' Schuahplattler fast Stillaugn kriagn
beim Holzhacker, wann d' Schoatn fliagn.
A solche holt sich dann der Franz
vom Publikum zum Watschntanz!

Zwischndurch gibt's was fürs Gmüat:
An Schneewalzer und 's Kufsteinliad!

Daß ah was gschiacht für unsre Gäste,
gibt's Wiesn-, Wald- und Stadlfeste.
Hüttngaudi, Hobbykurs,
weil ma eah was bietn muaß
wann sie nimmer dableibm mögnd,
weil's a ganze Wocha regnet!

Habm s' gnua von See und Sonnenbrand,
dann kraxln s' in die Felsnwand.
Dort müaß ma s', weil sie sih verganga,
in eahne Turnschuah obafanga.

Aber des toan ma(r) alls gern!
Wann s' nur jeds Jahr wiederkehrn.
Daß jeder Gast Erholung findt
bei uns in Österreich herint
und sagn kann, is der Urlaub aus:
NICHT DAHEIM – UND DOCH ZUHAUS!

SONNENBAD

Is blau der See und blau der Himml,
wirft sih jeder ins Getümml,
a Platzerl z'kriagn am Badestrand
und mit möglichst wenig Gwand,
mit Luftmatratzn, Kühltaschn,
in der Hand zwoa Colaflaschn,
mit Bildzeitung und Sonnenbrilln,
an Gerät zum Radiospieln.
Bräunungsmilch an ganzn Liter –
hoffentlich kimmt koan Gewitter –
Klapptische und Campingliegen,
Spray gegn Mückenzeug und Fliegen,
die Liegewiese zu betretn,
um die Sonne anzubetn.

Obm nix und unt net viel,
liegn alle da wia aufn Grill.
Amal von hint, amal von vorn
will jeder in der Hitze schmorn.

Beim Wendn paßt man möglichst auf,
sonst liegt man auf dem Nächstn drauf,
der sich auch der Sonn zuwendet,
was meist sehr gefährlich endet.

Wer bei dreißig Grad so schmachtet,
tut gut dran, wenn er darauf achtet,
sein wohlverdientes Ferienbraun
herzuzoagn, wo alle schaun.
In den Lokalen, auf den Straßn,
und dabei vor Neid erblassen!

Und zum Schluß noch einen Rat!
Ist man heimgekehrt in d' Stadt,
waschn, duschn, zweimal täglich,
ist der Bräunung ganz abträglich!
Stellt man sich oft beim Wasser unter,
geht auch die Urlaubsfarb bald runter
und gleich steht man unter Verdacht,
der hat vielleicht net Urlaub gmacht!

Wenigstens am erstn Arbeitstag
solln die Kollegn, die man net mag,
merkn, daß man sich was leist't
und in den Ferien war verreist!

**ES FANGT SCHON AN
ZON HERBSTLN**
(Vertont)

Es fangt schon an zon herbstln,
der Summer hat sih pfüat,
ganz ruawig wird's in Alman,
ganz ruawig wird's in Gmüat.

Koan Halm im spern Acker,
koan Vogerl mehr im Land,
der Krautnebl liegt drüber,
als wia a schloaras Gwand.

Für d' Liab, da gibt's koan' Heröst;
und siahg ih dih so stehn,
da siahg ih nur an Früahling,
und d' Welt is allweil schön.

SCHAUTS AMAL AN HERÖST AN
(Vertont)

Schauts amal an Heröst an,
wia er wieder prahlt
und de Blattl von de Bam
rot und goldan malt.

Und bei Kraut und Erdäpfl
hängt er gern a Tanzl dran,
is's trawig zerst in Acker,
af d' Nacht tanzn mögn ma(r) schon!

Mit der Kathl packt er zsamm,
tanzt er aussi voller Groll.
Schön Vergeltsgott, liaber Heröst,
san de Kammern wieder voll.

SCHAU VORBEI UM SIMONI
(Vertont)

Schau vorbei um Simoni,
bist net ungern gesehgn,
und da is in mein' kloan' Sachö,
de gröber Arbat schon gschehgn.

Weil's in Winter schon zuageht,
schaut's armselig aus,
san de Buschnstöck schon weg,
und is koa Sunnbänk mehr vorm Haus.

Wird's dann kalt und de Nacht lang,
ghaltst mih halt bei dir!
Und zum Dank warm ih dir 's Bett
mein herzliabs Dirndl gern für!

RUND UMS JAHR
(Vertont)

Rund ums Jahr rennt der Zoaga ganz gschwind.
Im Jänner is 's Jahr wia a Kind.
Im Christmonat wird's wieder gar,
und so geht's halt dahin Jahr für Jahr.

Der Früahling is für junge Leut
schon allweil de wunderschönst Zeit.
Im Sommer is's oft narrisch hoaß,
wen macht da nuh d' Arbat an Gspoaß!

Der Herbst laßt de Birn obafalln
und tuat dann de Blattl schön maln.
Und im Winter, da wird net viel tan,
da spreiz ma(r) an Ofn fest an.

So draht sih dein Lebm in an Kroas ...
Wia guat is's, daß koaner net woaß,
wann er stehn bleibt, der Zoaga. Dann is's gar ...
Drum gfrei dih recht über jeds Jahr!

Von der Muatter und die Kinder

DRUCK 'S WANGERL FEST IN POLSTER EIN
(Vertont)

Druck 's Wangerl fest in Polster ein,
ih bin in deiner Näh,
a Engerl bringt an süaßn Tram,
der Mond kimmt über d' Höh.

Ih deck da(r) de kloan' Fuaßerl zua,
erzähl da(r) nuh a Gschicht,
dann streich ih dir mit meiner Hand,
a Lockerl ausn Gsicht.

Da liegst du, winzigs Hascherl drin,
und was ih für dih mecht?
Daßd' allweil so fein schlafn kannst
und de Welt waar net so schlecht!

MEIN LIABE MUATTER
(Vertont)

Mein liabe Muatter, a schöns Vergeltsgott,
daß ih von dir mein Lebm han,
es is des schönste Gfühl,
wann ih mih ganz still,
zu dir zuabihaltn kann.

Und deine schönstn Jahr, de san verganga
in a Zeit voll Sorg und Not.
An dih hast niamals denkt,
wann du ins was geschenkt:
Daß mein Kinderl nur alls hat.

Jaja, a Muatterherz, mag net Ruhm und Ehr.
Nur – daß die Kinder glücklich werdn ...
Der oana Tag im Jahr,
der is zweng führwahr,
a ganzes Lebm sollst d' Muatter ehrn!

A BÜABERL GANZ KLOAN
(Vertont)

A Büaberl ganz kloan
liegt im Wiagerl alloan
und es traut sih net schrein,
weil de Muatter tat grein.

Mit Handerl ganz rund
und Wangerl ganz gsund,
und Äugerl ganz blau
tuat's in d' Welt einischaun.

Und de Welt is so groß ...
Und auf d' Leut koan Verlaß.
Aber du, kloan und fein
bist bei mir.
Drum schlaf ein ...

'S GROSSWERDN

Wann ih hoamlih auf d' Nacht
meine Kin(d)er betracht,
wieviel Sorg, wieviel Müah
wieder wart't in der Früah ...

Mein, wird des amal schön,
laß ma(r)'s ih da guat gehn,
wann s' erst groß sand und gscheit!
Aber bis dahin is's halt weit.

Und derweil ih des denkt,
hat's mih schon wieder kränkt,
denn wia lang geht's denn her?
Seids ma(r) heut schon weit z'schwer
da auf mein' Schoß.
Ja, weit z'schnell werds ma(r) groß ...

Heut kemmts nuh zu mir
mit aufgschundne Knia,
mit rotzige Nasn,
ih muaß d' Suppn euch blasn,
weil s' z'hoaß is zon Essn.
Und habts d' Aufgab vergessn,
da schau ih halt gschwind,
daß sih alls wieder findt.

Was für tröstliche Stundn,
ih han tröst't und verbundn,
de kloan' Zacherl und Wundn.

De tausnd kloan' Sorgn!
Ih mecht, daß ma(r) s' morgn
ah nuh laßts wissn,
weil ih tat s' vermissn.

Kemmts zu mir, weil ih moan,
daß a Muatter alloan
mit euch woant, mit euch lacht,
bis s' daß d' Augn zuamacht.

ANTIAUTORITÄRE ERZIEHUNG

Wannsd' hörst, was d' Kin(d)er heut alls derfn,
brauchst schon manchmal guate Nervn.

Am Kirchaplatz triaf ih d' Frau Moar
und frag s' nach ihrer Kin(d)erschar.

Sie is modern orientiert
und hat Psychologie studiert.
»Die Kinder muaß ma so erziahgn,
daß s' bald a Selbstbewußtsein kriagn,
und 's Strafn hindert de kloan' Leut
an der Entwicklung zur Persönlichkeit«.

Wann s' ah net folgn, als Eltern sand
die ganz besonders tolerant.

Wia zum Beispiel, wo's erst grad
z'Mittag an Spinat gebm hat.
Die Kinder schrein: »Mir wolln nix essn,
den grean' Batz, den kannst vergessn«
und haun, den Teller in der Hand,
mitsamt dem ganzn Brei an d' Wand.

Ja, moanst, daß deswegn zuaghaut wird?
Mir habn halt alls grün tapeziert!

ABHÄRTUNG

Beim Nachbarn is vor vierzehn Tag
der Stammhalter eintroffn,
de Muatter, de hat gwoant vor Freud,
der Vater drei Tag gsoffn.

Zur Kindstauf war's a Zeitl drauf,
da ladn s' wieder zsamm,
daß 's Büaberl ah sein' Segn kriagt,
an Gödn und an Nam.

Der Pfarrer geht gleih nach der Tauf
dem stolzn Vater zua.
Da muaß ma wirklich gratuliern,
des wird a tapferer Bua!

De ganze Zeremonie
hat sih des Kind net grührt.

Hochwürdn, sagt der Vater drauf,
der hat des nimmer gspürt,
mir habm dahoam de letztn Tag
mitn Spritzkruag fest trainiert!

MUTTERTAG

Oamal im Jahr is Muttertag,
wo ih mih jedsmal hoamlih frag,
tuat sih der Aufwand denn rentiern,
wo s' eh des ganz Jahr net pariern?

Gehts in Keller um a Bier!
Hör ih s' schon meckern: »Allweil mir!
Iatzt is's im Fernsehgn grad so schön,
kannst da(r) da net selber gehn?«

Tag für Tag, a ganze Wocha
muaß ma für die Gfrieser kocha,
und der zum Aussetzn nix woaß,
dem is ganz oanfach d' Suppn z'hoaß!

Zum Aufgab-macha muaß ma treibm,
weil des Rechna und des Schreibm
wurd erst auf d' Nacht gmacht und ih wett:
Von selber gangat koans ins Bett!

UND DIE IATZT SAGT: Des is net wahr,
die hat koan eigne Kinderschar,
die sie am Muttertag verehrt,
wia's a ganzs Jahr net wiederkehrt!

Ma fühlt sih wia auf Händn tragn
und kann vor Rührung kaum was sagn.

Der Frühstückstisch is festlich deckt,
de Kloa hat an der Creme schon gschleckt
von der rosarotn Tortn,
die verziert is mit den Wortn:
UNSERM LIEBEN MÜTTERLEIN
von Herzen und mit EWIG DEIN!

A großer Strauß Vergißmeinnicht
vertuat ma(r) schon die ganze Sicht
aufn Blumenstock mit roter Blüah.
Der Vater hat'n gholt heut früah
beim Gärtner gschwind nuh in der Eil,
zum Brocka hätt der net derweil!

Ganz feierlich bei Kerznlicht
ertönt das Muttertagsgedicht.
Und des is allweil der Moment,
wo ih s' schon abbussln könnt,
weil s' rote Wangerl habm vor Freud.

Und ih denk ma(r) hoamlih heut:
Ih moan, ih kimm wohl nia dahinter:
San des schon dieselbn Kinder,
de mih hie und da sekkiern,
daß d' eah kunntatst oane schmiern!

Beim Abwaschn vom Frühstücksgschirr
schrein s' alle zsamm: »Des tan heut MIR!
Bleib sitzn, mir machan's alloan,
morgn muaßt as eh schon wieder toan!

»Und z'Mittag ess ma(r) in der Post«,
sagt stolz der Vater, »was es kost't,
des bist uns wert!«
Des bist uns wert ...
Wann han ih des des letzt Mal ghört ...

Des tuat ma(r) wohl. Und des Verwöhna
am Muttertag ... Des kunnt ma gwöhna.
Aber da is koan Gefahr,
er is grad oanmal nur im Jahr!

FÜR A
WINZIGKLOANS BLEAMERL
(Vertont)

Für a winzigkloans Bleamerl
toan tausnd Sunnenstrahln,
toan tausnd Tröpferl Wasser
von Himml obafalln.

Für a winzigkloans Kinderl
falln tausnd liabe Wort,
und san s' tausnd Wochan –
gehn s' vo dahoam fort.

So geht's tausnd Jahr schon
und wird's allweil gehn,
kann was nuh so kloan sein,
ohne Liab kann's net bestehn ...

Allerhand Gedankn

DER BAUERNSTAND

Der Bauernstand in unsrer Zeit
steht hoch im Ansehgn bei de Leut,
die anders sein wolln als die andern
und von der Stadt aufs Land auswandern.

Die Grünen, die die Umwelt schützn,
wolln so a Bauernhaus benützn,
sih wie vor fünfzig Jahr versorgn
und hausn, nur von heut auf morgn.

Die zweiten habm vom Wohlstand gnua
und wolln zurück zu der Natur.
A Landhaus mit an Fleckerl Grund,
wo man schon zur Morgenstund
im frischn Tau kann barfuaß laufn,
wolln s' zur Pensionierung kaufn
und sih nach Bauernart ernährn
von Kräutern und Getreidekern
wo s' glaubm, daß s' hundert Jahr alt werdn.

Und dann gibt's nuh de Sommergäst,
die ma oanfach redn läßt,
wann s' sagn, es tat eahn bei ins gfalln,
und d' Bauern müaßtn fast was zahln,
daß sie in derer schön Natur
arbeitn derfn in Feld und Flur.

Na, a Grundstück und a Bauernhaus
macht nuh lang koan' Bauern aus.

Des Ererbte zu erhaltn,
erfolgreich wirtschaftn, verwaltn,
net nach der Uhr, mitn Wetter lebm,
Traditionsbewußtsein gebm,
unter freiem Himml d' Werkstatt habm
und die Ernte betrachtn als Gottesgabm.

Is ah die Arbeit amal mehr,
so bin ih doh mein eigner Herr,
und ih tat wieder Bäurin werdn
und möcht's ah meine Kin(d)er lehrn:

Der Segn von obm und die Bauernhand,
erhalt des ganze Vaterland!

DOKTORSPRACHE

Der Hiasl zu sein' Hausarzt kimmt,
weil bei eahm halt nix mehr stimmt.
Vom Scheitl bis zur großn Zeh,
tuat eahm oanfach alles weh.

Wia'n der Doktor angschaut hat,
sagt er: »Da is alles z'spat!
Dein Körper, der is gänzlich hin,
du stehst komplett vor dem Ruin!

Dein Leber is vom Säufertrieb
durchlöchert wia ein Nudlsieb,
vom zuviel Essn hast im Bauch,
Gedärme wia a Feuerwehrschlauch,
dein Untergstell verrost't, verbogn,
weil du dein Frau ständig betrogn.
Ja, scheppern tuast von weitn schon,
als hättst a lockers Schutzblech dran.«

Der Hias, der is total betroffn.
Er sagt: »Herr Doktor, red ma(r) offn!
Glaubn S' ma(r)'s, mit so a Diagnos,
is dahoam der Teufl los.
Schreibn Sie's doh lateinisch an,
damit ih's meiner Frau zoagn kann!

ZWEIDEUTIG

Der Bauer is meist überall
liaber als dahoam im Stall!

Weil er gestern beim Gemeinderat
a lange Sitzung durchgführt hat,
is's ah net möglich, daß er's siahgt,
wia d' Schecknkuah a Kaiberl kriagt.

Recht freundlih hab ihn net empfanga.
Was bist net früher hoamganga?
Jedsmal, wann du kimmst daher,
habm ma(r) um a Rindviech mehr!

ALTERSERSCHEINUNG

Oanmal im Jahr, meistns im Mai,
kimmt mein Taufgodn vorbei
und is, wia allweil nachn Essn
mit der Ahnl af der Sitzbänk gsessn.

»Mir geht's recht guat nuh«, sagt de oan,
»nur kann ih nimmer recht viel toan,
weil ih oft so viel Zahnweh han,
daß ih bei der Nacht net schlafn kann.«

Mein Ahnl sagt: Des tat ma(r)'s stiern,
doh des kann mir net passiern.
Des Leidn han ih niamals kennt,
weil ih und meine Zähnt – mir schlafn getrennt!«

SCHLUSSVERKAUF

Ende Juli (Jänner), da hoaßt's auf
zum großn Sommer-(Winter-) Schlußverkauf,
und da gibt's, wia jeder weiß
alls, was's gibt, zum halbm Preis.

Da hoaßt's: »Letzte Gelegenheit,
greifen Sie zu, nur kurze Zeit,
Rrrrausverkauf, wir räumen 's Lager,
jeder Artikl ist ein Schlager!«

Dauertiefstpreis, rrreduziert,
so wird der Konsument verführt.

Anschaun, wühln, Gwand probiern,
im Kofferraum dann alls hoamführn.

Wia jedes Käuferherz da juchzt
beim Preis von 99.50!

Und findet erst dahoam sein Ruah –
geht der Kastn nimmer zua.

Und was tuat ma mitn altn Gwand?
Des wird in Plastiksäck verbannt
und geht morgn dann bereits
zur Haussammlung vom Roten Kreuz.

TESTAMENT

Der Huababauer is a Mann,
der alt is, nimmer weiter kann.
Iatzt liegt er Wochan schon im Bett,
er rührt sih und er reibt sih net.

Da sitzt sih d' Bäurin halt danebm
und will an Briaf zum Schreibm anhebm.

»Wen schreibst denn?«
Mein, hat sie's da grissn,
daß sie bald 's Papier hätt zrissn!

»A paar Zeiln solln's af dein Schwester sein ...«
»Mein, des tuat mih aber gfrein!
Schreib ihr, daß ih s' eh bsuacht hätt,
weil's ma(r) schon wieder besser geht!

»A-a-a-aber natürlih«, stottert die Bäurin, »a-a-a geh?
Nur, schreibt ma Testament iatzt mit Ä oder E?«

A POLKERL
DRAHAT IH HALT GERN
(Vertont)

A Polkerl drahrat ih halt gern,
koa Tanzer für mia weit und broat.
Wann d' Musi iatzt zon spieln afhört,
des tat ma(r) aber load.

Der Franzl kimmt in Steirergwand
und fragt mih, ob ih tanzn möcht.
Er hat ganz schwarze Schneckerlhaar
und gfallat ma(r) net schlecht.

Er draht mih, daß mein Kittl fliagt,
des muaß eahm aber lusti sein.
Schreit: »Ausser, wer de Schöner hat!«
Ih moan, des wird der Mein ...

HEUT MÖCHT IH NUH TANZN
(Vertont)

Heut möcht ih nuh tanzn,
heut möcht ih oan' drahn,
und wann ih dih frag,
wirst ma(r)'s gwiß net verschmahn!

Sag, kannst leicht net tanzn?
Was warst denn für Bua?
Sag, wird da(r) leicht schlecht
oder feigln dih d' Schuah?

Du magst dih net drahn
und kannst d' Füaß net daziahgn.
Und tuast a so weiter,
wirst nia oane kriagn!

ZU DER HOHZAT
(Vertont)

An deiner Hand durchs ganze Lebm wandern,
und nia verlassn, kam a schware Zeit,
ih bin bei dir, denn oaner braucht den andern,
und des versprech ma(r) uns vorm Herrgott heut.

Seit ih dih gsehgn, kann ih dih nimmer missn,
wia ih nur sein hab kinna ohne dih,
ih bin so glücklih, heut solln's alle wissn,
des is der schönste Tag im Lebm für mih.

Es ist koan Tram, is unser neues Lebm,
mein Herz, mein Sinn, der is für allweil dein,
mein ganze Liab will ih dir heute gebm,
's wird bis zum letztn Atemzug so sein.

A HÄUSERL
AUF DER LEITN
(Vertont)

A Häuserl auf der Leitn
und Fuatter für zwoa Küah,
A Krautackerl danebm,
grad recht für dir und mir.
A Buschnstock am Fenster,
und des Dach nuh voller Stoan,
ih tauschat's gegn nix ein,
mein Häuserl am Roan.

Is oft a harts Lebm
und gar a Schinderei,
zon Feierabnd auf der Bänk,
da denk ih alleweil,
a jeder tragt sein Binkerl,
und es kimmt nix von alloan,
da bin ih wieder zfriedn
mitn Häuserl am Roan.

WO IS WOHL MEIN BUA
(Vertont)

Wo is wohl mein Bua,
kehrt er nimmer zua,
in mein Häuserl drobm auf der Höh?
Sagt nuh, daß bestimmt
er morgn wiederkimmt,
und sih auf Krapfn gfreit
und an Kaffee.

In der Stubm im Eck
stehn zwoa Buschnstöck,
's fleißig Lieserl und a brennad Liab.
Scheint koan Sunn net her,
wird eahn 's Köpferl schwer,
so wia mia, und d' Äugerl
werdn trüab.

Und da steht er schon,
und er lacht mih an,
und er sagt, ih tua schon richtig hörn.
Is koan Dirndl wo,
was mih macht so froh,
sollst die Meine werdn,
dih han ih gern.

DES WEGERL ZO DIR
(Vertont)

Des Wegal zo dir
is verwildert, net gmaht,
koan' Specht hört ma klopfn,
koan Wassal net tropfn,
umadum is alls stad.

Du bist nimmer da,
hilft koan Suacha, koan Schrein,
hätt ih früaher schon gschriebm,
waar da(r)'s Furtgehn ausbliebm,
und wia schön kunnt alls sein.

Ih bleib iatzt alloan
in der Hüttn im Wald.
Nur 's Gebet und d' Natur
gibt de einwendig Ruah,
wann da(r) d' Welt nimmer gfallt.

HAB SCHON LANG
NIX MEHR GHÖRT
(Vertont)

Hab schon lang nix mehr ghört,
wia's da(r) geht ohne mir.
Seit daher kimmt ma(r) 's Lebm
wia a Ewigkeit für.

Hab schon lang nix mehr glacht
und wia war ih fidel!
Hab an Stoan in mein' Herz
und an Druck af der Seel.

Ih moa oft, daß ma(r) tramt,
wann ih zruckdenk af dir,
und wann ih ah furtgang,
so vergessat ih's nia.

DIRNDL, WAS TUAST HEUT AUF D' NACHT
(Vertont)

Dirndl, was tuast heut auf d' Nacht,
hättst net Zeit für mir?
Waarst a wengal lieb zo mir,
dann kammat ih zo dir.

Schneid ma(r) fein koan' Bunkö her,
steht heut net dafür!
Wann ih doh was 's Süaß nuh möcht,
hol ih ma(r)'s bei dir.

Wann du für des Süaß net bist,
na, des wird ma(r) recht!
Kriagst von mir koan Bussl heut,
wurd da(r) eppa schlecht!

HINTER DIR FALLT 'S GATTERL ZUA
(Vertont)

Hinter dir fallt 's Gatterl zua,
und ih sag dir's, liaber Bua,
treu bleib ih dir ganz bestimmt,
wann ma(r) nix dazwischnkimmt.

Um dih woan', ih müaßat liagn,
werd um dih kam 's Gsicht verziahgn,
brauch ma(r) nimmer drüber redn,
kriag af jedn Finger zehn!

Büaberl, ih sag dir des oan:
Kannst dir's ruhig mit mir vertoan.
Nimm ih halt mein Katz in Arm,
de kratzt ah und halt mih warm!

MEIN LANDL OBERÖSTERREICH
(Vertont)

So a Landl, wia mir oans habm,
des gibt's af der ganzn Welt net gleih,
af oan' Fleckerl alls beinand,
des is mein Oberösterreich.
Jedes Viertl hat sein' Hamur,
weil's a jeder liabt und acht,
und oft kimmt ma(r) für,
als hätt der Herrgott dir
mein Oberösterreich am Sunntag gmacht.

Drunt die Enns und drobm der Inn,
da liegst du stolz grad mittndrin,
drobm is de böhmische Grenz, drunt die Traun,
da kannst ins Salzkammerguat einischaun.

Habm Salz und Troad
und Speck und Most,
der Hoamatbodn schenkt uns de Kost,
ja, mir habm alls beinand,
Gebirg und flaches Land
und mir tragn stolz unser hoamatliches Gwand.

Des is Oberösterreich.
Is a Landl, wunderschön,
wer bei dir amal verweilt,
der möcht nimmer weggagehn.

War ih draußn in der Fremd,
hast ma(r) du an mehran gfehlt,
Oberösterreich, mein Landl,
bist ma(r)'s Liabste auf der Welt!

WANN DER ATTERSEE STILL LIEGT
(Vertont)

Wann der Attersee still liegt,
und de Sunn obalacht,
ja, da denk ih a jeds Mal,
is des Landl a Pracht.

Schaut der Himml ins Wasser,
spielt der Wind mit de Welln,
kann koa Dichter, koa Maler
mehr wia er uns erzähln.

Er bleibt in mein' Herzn
so wia de erste Liab.
De zwoa ganz vergessn
kann ih erst, wann ih stirb.

Weihnachtn

IATZT KIMMT DE STADE ZEIT
(Vertont)

Geh, los a wengal hin,
iatzt kimmt de stade Zeit.
Du loanst dih zui zon Ofn,
der knistert und burrt,
danebm liegt des Katzerl
am Polster und schnurrt.
Geh, los a wengal hin,
iatzt kimmt de stade Zeit.

Iatzt rast a wengal aus,
der Schneewind wachlt schon.
Er holt des letzte Lauba,
und holt da(r) an Huat,
und tramt nuh wo a Bleamerl,
so tragt er's gleih furt.
Iatzt rast a wengal aus,
der Schneewind wachlt schon.

Und denk a wengal nach,
wia schnell des alls vergeht.
Wo is denn grad de Zeit bliebm,
der Winter geht an,
sand grad nuh a paar Blattln
an mein' Kalender dran.
Und denk a wengal nach,
wia schnell des alls vergeht.

AFS BIRI HAT'S SCHON OBAGSCHNEIBT
(Vertont)

Afs Biri hat's schon obagschneibt,
und 's Almvieh steht schon draußt in Stall,
's is Lauba gheigt und 's Brennholz gmacht,
iatzt kann's schon zuaschneibm allemal.

De Kin(d)er werdn ganz stad af d' Nacht,
der Höllbartl geht umadum.
Oa Kerzn brennt schon afn Kranz,
und 's Gsind bleibt gern schon in der Stubm.

Geh, Muatter, wia lang daucht's denn nuh?
De Zeit mag gar nimmer vergehn ...
Kimmt erst af d' Wocha 's Christkindl?
Des kann des Patscherl net verstehn.

Und is aft da de heilig Stund,
ums Haus is alls mit Schnee verwaht,
liegt 's Kinderl in sein' Kripperl drin.
Dann hat sih alls zon Guatn draht.

AUF WEIHNACHTN ZUA

Wann ih's ganz nüchtern so betracht,
dann is's bis hin zur Heilign Nacht
für uns geplagte Weiberleit
alls andre als »die Stillste Zeit«.

Des geht schon an mitn Keksausstecha:
Bocha, zsammbicka, mit Löcher,
verziern, mit Marmelade fülln.
Tagelang kannst dih da spieln,
und wann ih net schnell damit obfahr,
is vor de Feiertag alls gar.

Wann näher die Bescherung kimmt,
wird putzt. Und wia genau ma's nimmt!
Bald halt alls glanzt, hast ah dein Freid,
weilsd' grad nuh fertig wordn bist heut.
De Tür geht auf, und Mann und Kin(d)er
lassn herint d' Schuah abrinna.

Iatzt is der Heilig Abend da.
Es is alls gricht't, es geht nix a(b),
du hast koan Zeit ghabt zon Besinnen,
denn de Bescherung soll beginnen.

Mit Liebe deckst an Festtagstisch
mit Bratwürst, Stockwürstl und Fisch,
da wird dann gspeist. Und was bleibt mir?
Hinterher a Haufn Gschirr!

Wann dann alls vorm Christbam kniat,
mecht ih, weil ih bin schon müad,
beim Betn a weng Atem holn.
Da schaun de Kin(d)er schon verstohln.
Wann machan s' denn iatzt endlich 's Kreuz?
Ja, d' Neugier hat an bsundern Reiz.

Geht schon los. Es ist so weit!
Ih hör schon, wia de Kloane schreit:
Mami schau, was ih da kriagt,
zoag ma(r) schnell, wia man's aufziahgt!
Und da is nuh für mir a Sack!
Spielst morgn mit mir den ganzen Tag?
Nahst ma(r) für d' neiche Puppn 's Gwand?
Is net mein Auto allerhand?

Ausschaun tuat's iatzt in der Stubm!
Da liegn Bandl umadum,
Schachtln, Holzwoll und Papier,
kannst kam nuh eina bei der Tür!

Ih fang gleich an und räum alls zsamm,
weil ma höchste Zeit für d' Mettn habm.

Am nächstn Tag in aller Früah,
klopft der Besuch schon vor der Tür:
»Mir san schon a weng früher kumma,
dann bring ma(r) d' Feichta schneller umer.«
Wißts, was ma(r) gwunschn habm de Gäst?
EIN BESINNLICHES,
RUHIGES WEIHNACHTSFEST!

BALD IS'S SO WEIT
(Vertont)

Bald is's so weit, daß 's Christkindl kimmt.
Und trawig is's nuh, daß ja alls stimmt!
Der Vater hat heut an Zoa Mettnstöck gmacht,
daß d' Stubm bacherlwarm is in der heilign Nacht.

Schaut d' Muatter de Kin(d)er gar fleißig auf d' Händ.
Eßts net zviel Zimmatstern,
kriagts schlechte Zähnt!
Ih geh gschwind in d' Kammer, sperr d' Kastntür zua.
Guat, wann's bald an End hat, des hoamlig Getua!

Iatzt kniat alls da, und der Vater bet't für.
Der Rosnkranz dauert heut lang wia nuh nia.
In Ewigkeit Amen! Helliacht is der Bam.
Und alle Jahr wieder. Glückseliger Tram ...

A WEGERL GEHT EINI IN TANNENWALD
(Vertont)

A Wegerl geht eini in Tannenwald.
Heut Nacht hat's a Schneebal draufgschniebm.
Ma gspürt schon den Friedn, denn Weihnacht is bald.
Da hat's mih in Wald aussitriebm.

Da stehngan de Bam mit an Manterl voll Schnee,
so schön wia am Bildl aufgmaln.
Ih denk, daß de Welt grad a wengerl verschnauft,
wann d' Flockn auf d' Erd obafalln.

So wia meine Kin(d)er de Stundn schon zähln,
für sie is des Wunder, des Wunder nuh echt.
A Bam voller Liachter leucht d' Stubm hell aus,
der Herrgott macht alls wieder grecht!

ZU BETHLEHEM DRUNT
(Vertont)

Zu Bethlehem drunt is heut alls auf de Füaß,
da wurd uns a Kindl beschert.
Juche! Schreit der Hüatabua, ganz außer sich,
des hätt ja längst schon herghört!

Maria und Josef, das heilige Paar,
is schier gar a weng durchanand.
Da kemman drei Kining mitn Gwaisert daher,
de Reichstn vom Morgnland.

Bald woaß de ganz Welt, der Erlöser is da,
und d' Freid is iatzt groß umadum.
Der Friedn is eingkehrt in jeds kloane Herz,
in jedes Haus, jede Stubm.

HEUT NACHT HAT MA(R) WAS BSUNDAS TRAMT

Heut nacht hat ma(r) was Bsundas tramt:
A Engerl steht vor mir,
sagt, fliag a weng in Himml mit,
mir singan da(r) was für.
Mit Äugerl wia zwoa goldne Stern,
an Pfoaderl, weiß wia Schnee,
hat's mih mit seine Handerl ghabt
und auffizogn in d' Höh.

Da habn s' mit Harfn, Geign, Posaun,
a feine Musi gmacht.
Beim Singa, Spieln und Jubiliern,
verdraht de ganze Nacht.
Nur Trommln, Paukn und Tschinelln,
de lassn s' schön in Ruah.
Sunst waar a Lärm wia auf der Welt,
da drunt geht's eh gnua zua.

Ja, lebts ös nur vom Musiziern,
im Himml da herobm?
Na, netta weil bald 's Christkind kimmt,
toan mir vier Wocha probn.
Ja, Menschnskind! Zu Bethlehem
wird 's Kind geborn werdn!
Da spieln ma(r) auf in an kloan Stall.
Da kinnts amal was hörn!

IATZT LASSTS MIH DOH ZON KRIPPERL HIN
(Vertont)

Iatzt laßts mih doh zon Kripperl hin,
was moants, wegn was ih kimm?
Des Kindl hat schon nach mir gschaut
und kennt mih an der Stimm!

Geh, Blasi, sag, was bildtst da(r) ein?
Du kloaner Hüaterbua!
Bleib liaber bei de Lamperl draußt,
hast kloan zerrissne Schuah.

Was zählt schon de Armseligkeit!
Im Herz, da brauchst a Gspür.
Der Herrgott hat ja selber gsagt:
De Kloan', de laßts zu mir!

WAS WAHT HEUT AUF BETHLEHEMS STRASSN
(Vertont)

Was waht heut auf Bethlehems Straßn
für kalter, für eisiger Wind?
Hast 's heilige Paar ganz verstoßn,
sag, fürchst da(r) denn da gar koan Sünd?

A Federbett is koans zon findn,
aus Linnen, ganz fein und schneeweiß.
Wer kann a kalts Herz wohl ergründn,
wasd' stehn laßt in Schnee und in Eis.

Ganz still falln vom Himmlszelt Flockerl.
Liabs Kindl, was wird mit uns werdn?
Und auf deine goldenen Lockerl
glanzt oba der himmlische Stern.

ÜBERS CHRISTBAM-HOAMBRINGA

Bald is's wiederum so weit,
daß in seiner Herrlichkeit
der Christbam steht im Liachterschein.
Und da fallt's ma(r) jeds Jahr ein ...

Vor a paar Jahr bringan s' an Bam.
Ih hab'n gsehgn und moan, ih tram.
Halbdürr schon und was nuh des Best,
fehln in der Mitt zwoa Reihen Äst.
Mein Mann sagt, mach da(r) koane Sorgn,
de Äst, was abgehn, kann ih morgn
nuh einibohrn, dann geht er schon.
Und hängan gar erst Kugln dran,
an Bam s e l b n schaut koan Mensch mehr an,
wann er im Kerznschein dann leucht't.
Für de zwoa Wochan tuat er's leicht!

Zwoa Wochan hab ih'n gar net glittn,
und daß ih'n grett't, an Weihnachtsfriedn,
hab ih des Bamerl net angschaut
und schon z'Stephani aussighaut!

Weil gleich drauf des nächste Jahr
a strenger Winter angsagt war,
hab ih zon Christbamholn recht triebm.
Hol oan', am End is als verschniebm,
und dann muaßt im Schnee recht watn.
Aber, da han ih's derratn!

Des Christbamholn tuat's nuh allweil,
und ausserdem, den han ih gleih!
Am Fasttag dann, gsagt han ih's eh,
da steht er, steif von Eis und Schnee.
In Stall habm ma(r)'n gschwind aussibracht,
daß er obtaut bis auf d' Nacht.

Mittn unterm Rosnkranz,
da verlegt's uns d' Luft schon ganz.
An Duft hat's in der Stubn desmal,
grad, als war'n ma(r) draußt in Stall.
Und weil zum Lüftn aufmacht ghört,
hätt's uns beim Betn bald dafrert!

Na, des passiert uns nimmermehr!
Nächsts Jahr muaß er bald gnua her.
Ma kann eahm eh dahoam versteckn,
daß'n de Kin(d)er net entdeckn.
Und weil s' alls sehgn und sinst nur fragn,
hab ih'n in Heizraum aussitragn.

Vo der vieln Arbeit abgelenkt,
hab ih aufs Bamerl, nimmer denkt.
Wia ih'n zon Aufputzn gholt hätt,
war er nur mehr ein Skelett!

De Gschichtn, de san wirklich wahr.
Mir redn davon fast jedes Jahr.
Und wißts ah, was ma(r) seitdem haum?
Allweil den schönstn Weihnachtsbaum!

ZWIEGESPRÄCH
VON OCHS UND ESL

Der Esl sagt im Stall zum Ochs:
Sag, is des net paradox,
mir zwoa werdn mit de dümmstn Viecher
von der ganzn Welt verglicha
und stehn auf oanmal da herint,
bei der Geburt vom Jesuskind.
Daß uns de Leut des geltn lassn,
kann ih als Esl gar net fassn.

Da schaut der Ochs, er braucht zon Denka
ja von Natur aus a weng länger,
und sagt zum Esl dann: Kimmst mit?
Der Herrgott macht koan' Unterschied!
In der Heilign Nacht is alles gleich,
dumm und gscheit und arm und reich,
drum stehn ah solche wia mir zwoa
direkt nebm der Englschar!
Heut nacht is kemma, 's war höchste Zeit:
Die himmlische Gerechtigkeit!

WEIHNACHTSGEDANKN

Schöner wohnen, besser lebm,
's Geld mit beide Händ ausgebm,
alls tuat sih im Wohlstand badn,
kann a weng nachdenga da schadn?

Is Weihnachtn nur was für d' Kin(d)er?
De habm nuh leichter Zeit zum Bsinna!
Und ghört's net ah zum gutn Ton,
die Weihnachtsdekoration?
A Kerzerl und a Tannenduft
sorgt halt schon für guate Luft
und 's gegnseitig Geschenke-gebm
tuat d' Wirtschaft wenigstns belebm.

Mit solch und ähnliche Gedanga,
kann der liebe Gott sehr weng anfanga.
Da kannst da(r) nur mehr selbn dabarma,
weil da ghörst wirklih zu de Arma!
Hast vor dein' Herz an Riegl für,
steht bald der Ganggerl hinter dir.

A solcher tuat sih dann was an,
weil er im Lebm net weiterkann.
Um Weihnachtn, so kann man's lesn,
san de meistn Selbstmord gwesn.

Wannsd' in der Illustriertn lest:
So feiern Sie ein schönes Fest,
gehst ganz und gar am Sinn vorbei.
Weil da steht nix von Stall und Heu,
worauf des Jesuskind is glegn,
wia z'Bethlehem is 's Wunder gschehgn.

Und was kinnan ma(r) selber toan?
Mir wissn's alle, und ih moah:
Mir solln e a h m mehr entgegengehn.
Dann is's ah heutzutag nuh schön!

VERKAUFSPSYCHOLOGIE

Ih hab s' drei Monat schon im Haus.
D' Schokoladkrampus und d' Nikolaus.

Da san sie, reichlich noch vorhandn,
damals schon in der Auslag gstandn.
Is gscheiter, wann ma s' bald gnua nimmt,
wer woaß's, was alls dazwischnkimmt!

Dann kimmt der Tag vom Nikolo.
Da war ih glücklih und so froh,
daß ih schon alls beinander han,
wann andre fangan 's kafn an.
Im Supermarkt tuat's grad so wimmeln.
Mir werdn s' dahoam wohl net verschimmln,
han ih ma(r) denkt und unterm Bett,
da findn s' ah de Kin(d)er net.

Auf spat werdn d' Kinderpelzschuah gwichst,
und wia ih d' Schachtl hol, verflixt!
De is so eignartig gring –
und wia s' ans Tagesliacht ih bring,
de san ja hohl unterm Kostüme!
Vom Schokolad nicht eine Krüme!

Habm iatzt de Kin(d)er oder d' Mäus
de Krampus gspeist und d' Nikoläus?

Um fünf vor sechse bin ih glaffn
ins Gschäft. Um wieder neiche z'kafn.
Der Kramer lacht ganz ungeniert.
Damit wird bei uns kalkuliert!
Zwoamal kaft wurd des sunst n i e !
Des is Verkaufspsychologie!

LEUT, RENNTS ZSAMM ZU BETHLEHEM
(Vertont)

Leut, rennts zsamm zu Bethlehem,
da han ih was Großs gsehgn,
liacht is's gwen als wia beim Tag,
ih moan, da is was gschehgn.
A Stern so groß, na so a Trumm,
der leucht't alls aus, weit umerdum.
Weckts na gleih de andern auf,
laßts alls liegn und stehn!
Der Rüapl, der hatscht hinterdrein,
der soll halt ah mitgehn!

Da schauts her, da is im Stall
a Kindl in a Wiagn.
Leut, des is der Gottessohn,
da müaßts de Knia abbiagn!
Des Kindl is ja so was Arms,
es brauchat halt a Bett, a warms.
Bring ma(r) eahm was z'essn her,
a Oa, a Brot, an Kas.
Wann's es friast, an warma Tee,
wia schön, wann's ah was aß.

Alle, wia s' in Stall beinand,
und beim Kindl stehn,
Hüaterbua, der Ochs, de Kuah,
Esl, Schaf und Henn.
Af oanmal hörn s' von obm an Gsang,
es wird eahn frei ums Herz so bang,
Leut, rennts zsamm und sagts es all,
daß dieselbig Nacht,
uns der Herr zu Bethlehem
hat den Friedn bracht!

WORTERKLÄRUNGEN

Bunkö - Germkuchen, Guglhupf
Gugatza - Kuckuck
Gwaisert - Geschenk für ein neugeborenes Kind
Habern - Hafer
Latschn - Lache, Pfütze
mehn - am Halfter führen
schloar - schleiern
Schneekaderl - Schneerose
sper - ausgetrocknet, dürr
Zoa Mettnstöck - aufgeschichtete Buchenscheiter

INHALT

Rund ums Jahr

Der Früahling 6
Wird net lang dauern 8
Ma gspürt schon, der Früahling geht um 8
Wann's um Josefi an Schnee weggatreibt 9
So a helle Maiennacht 10
Ih sitz mih afn Denglstoan 11
Hauptsaison 12
Sonnenbad 14
Es fangt schon an zon herbstln 16
Schauts amal an Heröst an 17
Schau vorbei um Simoni 17
Rund ums Jahr 18

Von der Muatter und die Kinder

Druck 's Wangerl fest in Polster ein 20
Mein liabe Muatter 21
A Büaberl ganz kloan 22
's Großwerdn 22
Antiautoritäre Erziehung 24
Abhärtung 25
Muttertag 26
Für a winzigkloans Bleamerl 28

Allerhand Gedankn

Der Bauernstand 30
Doktorsprache 32
Zweideutig 33
Alterserscheinung 33
Schlußverkauf 34
Testament 35
A Polkerl drahat ih
  halt gern 36
Heut möcht ih
  nuh tanzn 37
Zu der Hohzat 37
A Häuserl
  auf der Leitn 38
Wo is wohl mein Bua 39
Des Wegerl zo dir 40
Hab schon lang
  nix mehr ghört 41
Dirndl, was tuast
  heut auf d' Nacht 42
Hinter dir fallt
  's Gatterl zua 42
Mein Landl
  Oberösterreich 43
Wann der Attersee
  still liegt 44

Weihnachtn

Iatzt kimmt de
  stade Zeit 46
Afs Biri hat's
  schon obagschneit 47
Auf Weihnachtn zua 48
Bald is's so weit 50
A Wegerl geht eini
  in Tannenwald 51
Zu Bethlehem drunt 51
Heut nacht hat ma(r)
  was Bsundas tramt 52
Iatzt laßts mih doh
  zon Kripperl hin 53
Was waht heut auf
  Bethlehems Straßn 53
Übers Christbam-
  Hoambringa 54
Zwiegespräch
  von Ochs und Esl 56
Weihnachtsgedankn 57
Verkaufspsychologie 58
Leut, rennts zsamm
  zu Bethlehem 59

Weitere Bücher von Angelika Fürthauer
erschienen im Verlag Bayer, Wilhering

Das bisher letzte Werk:

Im Schreibergarten

96 Seiten · € 10,10 · 978-3-902814-08-1

Weitere Bücher von Angelika Fürthauer
erschienen im Verlag Bayer, Wilhering

Angelikatessen

96 Seiten · € 13,00

Bandlkrama-Liadabüachl

64 Seiten · € 11,50

Sternzeichen für Lachdenker
Himmlisch & Bodenständig
112 Seiten · € 13,00

Feiertag & FreUzeitwünsche
Für einwendige und auswärtige Anlässe
104 Seiten · € 13,00

Weitere Bücher von Angelika Fürthauer

erschienen im Verlag Bayer, Wilhering

Frohkost und Lachspeisen
Gedichte für's Hirn und Nachtkastl
96 Seiten · € 11,50

Auf den Versen von Stadt und Land
Gedichte für Lachdenker
96 Seiten · € 11,50

Im Seitenspiegel
Zeitgenössische Mundartgedichte
94 Seiten · € 11,50

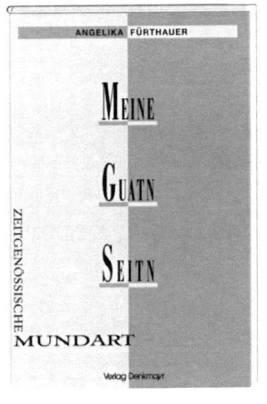

Meine Guatn Seitn
Zeitgenössische Mundart
96 Seiten · € 11,50

*Wenn ich Ihnen auch mit Musik
und Gesang in den verschiedensten
Formationen aus meiner
„Familienwerkstatt"
behilflich sein kann,
rufen Sie mich einfach an.*

MEINE ADRESSE:

*Angelika Fürthauer
Feld 2
A-4853 Steinbach am Attersee
Telefon & Fax: 0 7663/288
Mobil: 0664 55 10 486
E-Mail: angelika.fuerthauer@salzkammergut.at
www.lachdenker.at*